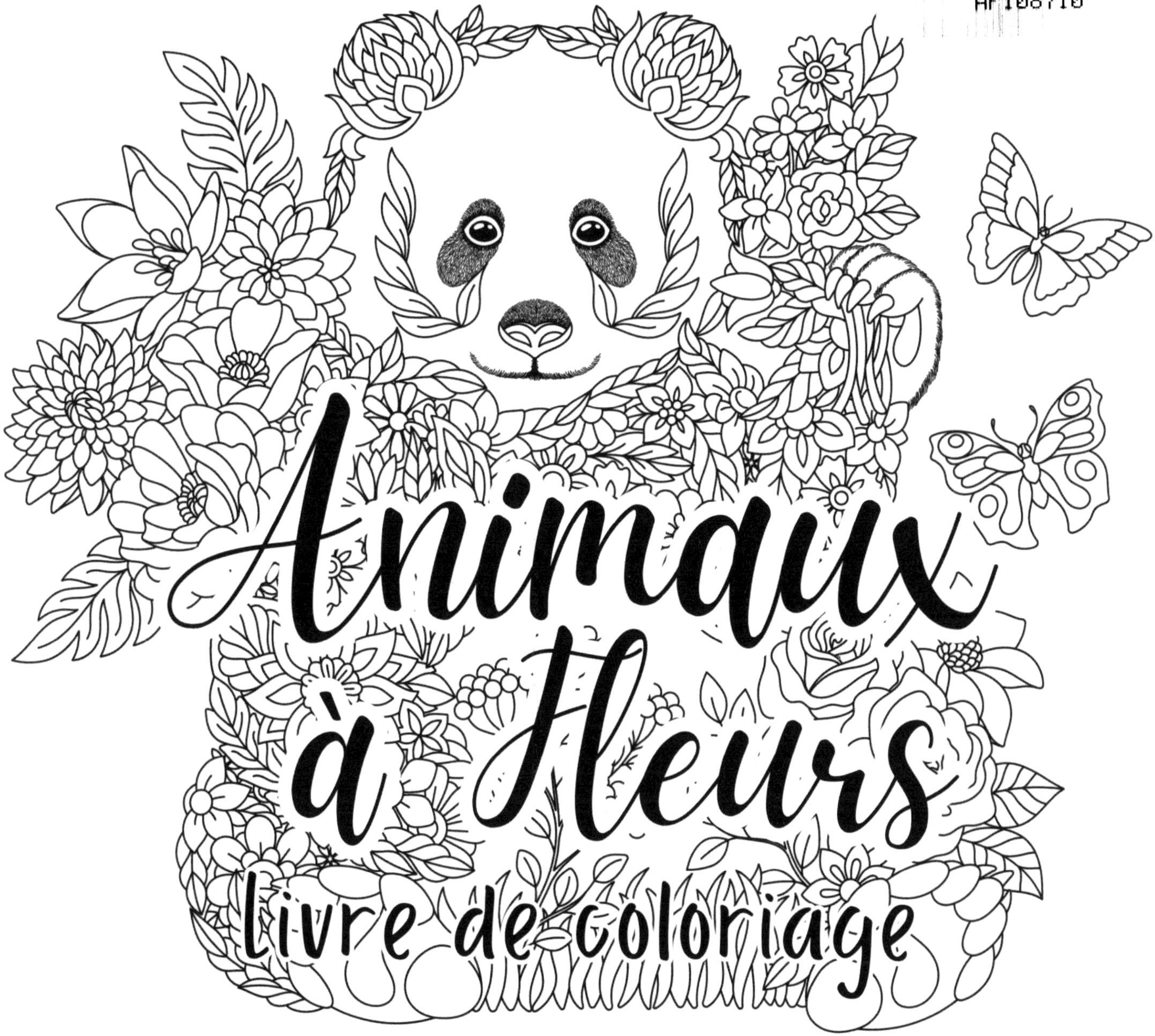
Animaux
à Fleurs
livre de coloriage

© 2023, Color Art Passion

Édition : BoD – Books on Demand, info@bod.fr

Impression : BoD – Books on Demand,

In de Tarpen 42, Norderstedt (Allemagne)

Impression à la demande

ISBN: 978-2-3223-9922-2

Dépôt légal : Avril 2023

MIXTE
Papier issu de sources responsables
Paper from responsible sources
FSC® C105338
www.fsc.org